GEÇMİŞTEN GÜNÜMÜZE

YÜN

Christin Ditchfield

Çeviri: Barış Cezar

TÜBİTAK
Popüler Bilim Kitapları

TÜBİTAK Popüler Bilim Kitapları 887

Geçmişten Günümüze - Yün
True Stories - The Story Behind Wool
Christin Ditchfield
Tasarım: Philippa Jenkins
Resimleyen: Philippa Jenkins
Görsel Araştırma: Hannah Taylor ve Mica Brancic

Çeviri: Barış Cezar
Redaksiyon: Evra Günhan Şenol
Türkçe Metnin Bilimsel Danışmanı: Prof. Dr. Nihat Çelik
Tashih: Simge Konu Ünsal

Text © Capstone Global Library Limited, 2012
Original Illustrations © Capstone Global Library Ltd., 2012
Türkçe Yayın Hakkı © Türkiye Bilimsel ve Teknolojik Araştırma Kurumu, 2015

Bu yapıtın bütün hakları saklıdır. Yazılar ve görsel malzemeler,
izin alınmadan tümüyle veya kısmen yayımlanamaz.

TÜBİTAK Popüler Bilim Kitapları'nın seçimi ve değerlendirilmesi
TÜBİTAK Kitaplar Yayın Danışma Kurulu tarafından yapılmaktadır.

ISBN 978 - 605 - 312 - 127 - 5

Yayıncı Sertifika No: 15368

1. Basım Aralık 2017 (5000 adet)

Genel Yayın Yönetmeni: Mehmet Batar
Mali Koordinatör: Kemal Tan
Telif İşleri Sorumlusu: Zeynep Çanakcı

Yayıma Hazırlayan: Özlem Köroğlu
Grafik Tasarım Sorumlusu: Elnârâ Ahmetzâde
Sayfa Düzeni: Ekin Dirik
Basım İzleme: Özbey Ayrım - Adem Yalçın

TÜBİTAK
Kitaplar Müdürlüğü
Akay Caddesi No: 6 Bakanlıklar Ankara
Tel: (312) 298 96 51 Faks: (312) 428 32 40
e-posta: kitap@tubitak.gov.tr
esatis.tubitak.gov.tr

Başak Matbaacılık ve Tanıtım Hizmetleri Ltd. Şti.
Macun Mahallesi Anadolu Bulvarı No: 5/15 Gimat Yenimahalle Ankara
Tel: (312) 397 16 17 Faks: (312) 397 03 07 Sertifika No: 12689

İçindekiler

- Yün Nedir? 4
- Yünün Tarihi 8
- Yün Çeşitleri 14
- Yünün İşlenmesi 16
- Yün Giymek 20
- Yün İşi 22
- Yünün Geleceği 26
- Zaman Tüneli 28
- Sözlük 30
- Dizin 31

Kalın yazılan sözcüklerin anlamını
30. sayfadaki sözlükte bulabilirsiniz.

Yün Nedir?

▲ Koyundan elde edildiği hâliyle "ham" yün böyledir. Henüz hiçbir şekilde işlenmemiştir.

Sıcacık bir battaniyenin altına girdiğinizde, en sevdiğiniz kazağınızı giydiğinizde veya soğuk havada berenizi ve eldiveninizi kapıp dışarı çıktığınızda yünün sıcaklığını hissedersiniz. Koyun ve diğer hayvanların yumuşak, kalın ve kıvırcık kıllarına yün denir.

> **Biliyor muydunuz?**
>
> **Uygarlığın** yayılması koyunlar sayesinde mümkün olmuştur! İnsanlar, koyun yününden sıcak tutan kıyafetler yapmayı öğrenince daha serin iklimlere gidebildi ve daha soğuk yerlerde yaşayabildiler. Ayrıca koyun sürülerini beraberlerinde götürdüklerinde güvenilir bir besin kaynağına sahip olacaklarını da biliyorlardı.

Koyunların kıllarına veya postlarına **yapağı** adı da verilir. Farklı türde koyunların farklı türde yapağısı olur. Bazıları diğerlerinden daha yumuşaktır. Kimi daha kalındır kimi daha uzundur. Koyun çiftçisi, koyunlarını (yani belli bir türden olan koyunlarını) istediği türde yapağıyı elde etmek için **yetiştirir.** Yılda bir kere, ilkbahar geldiğinde, çiftçiler koyunlarını **kırkar.** Ağır yapağıyı kesmek için özel kırpıcılar kullanırlar. Bu işlem koyunun saçını kesmeye benzer!

Daha sonra koyunun yapağısında bulunan yün **lifleri** yüne ve kumaşa dönüştürülerek birçok farklı yerde kullanılır.

Yün nereden gelir?

Yünün çoğu koyunlardan gelir. Kaşmir, keçi kılından yapılan bir yün türüdür. Tiftik ise keçilerden, develerden ve lama, alpaka ve vikunya gibi Güney Amerika hayvanlarından elde edilir. Angora ise tavşan kıllarından elde edilir.

▼ Bu çiftçi koyununu elektrikli kırkma makasıyla kırkıyor.

▲ Yünden sıcak tutan bereler, eldivenler ve battaniyeler yapılabilir.

Yünü özel kılan nedir?

Yün **lifinin** pek çok **özelliği** vardır. Diğer pek çok doğal liften daha güçlüdür, dolayısıyla kolayca kopmaz. Yün bez veya kumaş esnetilebilir, çekilebilir veya dökümlü bir şekle sokulabilir. Yıkandıktan sonra ise orijinal biçimine geri döner.

Yün kumaş kırışmaya karşı dayanıklıdır. Yün ısıyı içinde tutarak onu giyen insanları sıcak tutar. Yün lifleri havadaki nemi emer. Bu da yanmaya karşı dayanıklı olmasını sağlar. Ayrıca boyayı da kolayca emer. Yüne istediğiniz rengi verebilirsiniz.

Yünün renkleri

Çoğu koyunun yünü beyazdır. Ne var ki yünü siyah, kahverengi veya gri olan bazı koyunlar da vardır.

Yünün kullanım alanları

Yünden çorap, kazak, etek, pantolon ve takım elbise gibi pek çok kıyafet yapılabilir. Aynı zamanda yün eldiven, bere, atkı ve sıcak tutan diğer kışlık giysilerin yapımında da kullanılır.

İnsanlar yün şiltelerin üzerinde, yün battaniyelerin altında veya yün uyku tulumlarının içinde uyuyabilir. Yünden yapılmış araba koltuk kılıflarına oturur, yünlü halı ve kilimler üzerinde yürürler. Hatta bazı ağır makinelerin iç aksamının oluşturduğu darbeleri yumuşatmak veya stereo hoparlörler ve piyanolardan çıkan sesleri azaltmak için de yünden yararlanılır.

Önce güvenlik

Yün kolay alev almaz. Yandığı zaman ise erimez, damlamaz veya zehirli gazlar çıkarmaz. Kumaş yanarken yün yangını söndüren bir tür kül üretir. Bu yüzden itfaiyecilerin, askerlerin ve tehlikeli ortamlarda çalışan diğer kişilerin üniformalarının yapımında sıklıkla yünden yararlanılır.

◀ Bu piyanonun iç kısmında yer alan yün kaplamalar tuşların sesini yumuşatır ve uğultuları azaltır.

Yünün Tarihi

▲ İlk uygarlıklar hem etinden hem de yününden yararlanmak için koyun yetiştirmeyi öğrendi.

MÖ 10.000 gibi eski bir tarihte bile Orta Asya'daki koyun çobanları eti ve sütü için koyun **yetiştiriyordu**. İlk **uygarlıkların** koyundan yün elde edip onu **eğirmeyi** (bükmeyi) ve böylece **yün ipliği** elde etmeyi öğrenmeleri MÖ 5000 ila 3000 yıllarını buldu. Yün iplik yapmayı öğrendikten sonra yün kumaş, daha sonra ise bu kumaştan çadır, battaniye ve giysi gibi şeyler yapabildiler.

İnsanlar ipliği eğirmek için başta çok basit aletler kullandı. Bu aletler arasında iğ adı verilen tahta kazıklar veya sopalar da vardı.

Zamanla, neredeyse her uygarlık bir yün eğirme yöntemi geliştirdi. Bu uygarlıklardan bazıları Mezopotamya (bugünkü Irak) İbranileri, Eski Mısırlılar, Eski Yunanlar, Babilliler, Persler ve Romalılar'dır. Daha sonra koyun yetiştirme ve yün üretim teknikleri Büyük Britanya ve Kuzey Avrupa'ya da yayıldı.

Roma Çağı

MÖ 200'e gelindiğinde, Romalılar özellikle yün üretimi için koyun yetiştiriyordu. Yünü en iyi olan koyunları çiftleştirerek bir sonraki nesildeki koyunların daha da iyi yüne sahip olmasını sağlıyorlardı. En eski yün fabrikası, MS 50'de Roma yönetimindeki Winchester kasabasında kuruldu.

Yün ipliklerini kumaşa dönüştürmek için **dokuma tezgâhlarından** yararlanılıyordu. Dokuma tezgâhı, tahtadan yapılmış bir çerçevedir. Yün **lifleri** çekilerek çerçeveye sabitlenir. Bunlara çözgü denir. Daha sonra çözgüden gelen başka yün lifleri de atkı adı verilen sıralar hâlinde çözgünün üzerinden veya altından geçirilir. Bu çapraz geçişli örgüye dokuma adı verilir. Kumaş böyle yapılır.

▼ Bu çizimde atkının nasıl çözgü içinden geçirilerek dokunduğu gösteriliyor.

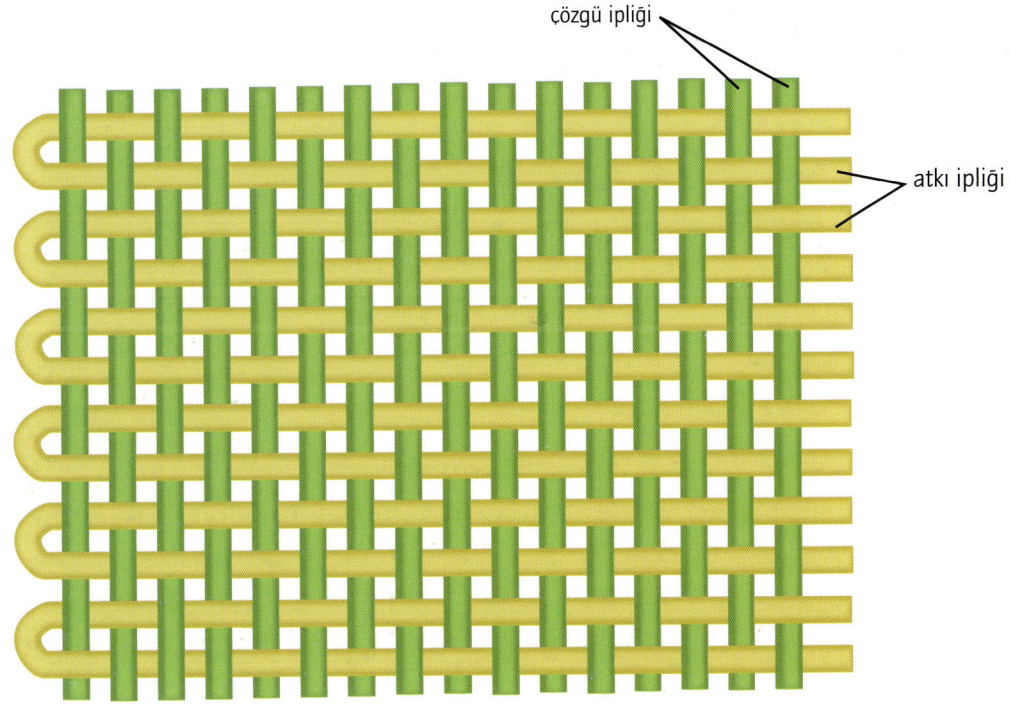

çözgü ipliği

atkı ipliği

▲ Bu fotoğrafta, Orta Çağ'da kumaş dokumada kullanılan bir dokuma tezgâhı görülüyor.

Orta Çağ

Orta Çağ'da (MS 500-1500), yün üretimi başlıca **sanayilerden** biri hâline geldi. İspanya, Fransa, İtalya ve Belçika gibi ülkeler yeni koyun **yetiştirmeye** ve dokuma teknikleri geliştirmeye başladı. Büyük Britanya hepsini geride bıraktı. "Yün imparatorluğu" sayesinde yöneticileri zengin ve güçlü oldu. Günümüzde, Britanya parlamentosunun Lordlar Kamarası bölümünün sözcüsü hâlâ konuşmalarını Yün Balyası adı verilen bir koltuktan yapar. Bu büyük, içi yünle doldurulmuş koltuk, ülkenin zenginliğinin bir sembolü olarak yün ticaretinin önemini temsil eder.

Zaman içinde, yün ticareti konusundaki anlaşmazlıklar siyasi çatışmalara dönüştü. Yöneticiler insanların önemli günlerde pahalı yün kıyafetler giymelerini zorunlu kılan yasalar çıkardılar. Yün tüccarları ülkeden ülkeye yün alım satımı yaparken yüksek vergiler ödemek zorunda kalıyordu. Yasalara göre bir kişi ufak bir suç işlediğinde bile hükümet koyun çiftliklerine el koyabiliyordu.

Sömürge Dönemi

Kâşif Kristof Kolomb, 1493'te Kuzey Amerika'ya yaptığı ikinci yolculukta bölgeye koyun da getirmişti. 1600'lerin başlarında, Jamestown'daki (Virginia, ABD) **kolonide** koyun yetiştirilmeye başlanmıştı.

Britanyalılar sömürgelerdeki yün üretimini kendi ticaretlerine bir tehdit olarak gördü ve buna karşı yasalar çıkardılar. (Cezası elin kesilmesiydi!) Adil olmayan bu ve buna benzer yasalar yüzünden 1776 Amerikan Devrimi başladı ve Amerika Birleşik Devletleri bağımsız bir ülke oldu.

Komik bir deyim

İngilizcedeki "yünün gözlerini kapatması" deyimi, aldatılmak veya kandırılmak anlamına gelir. Denilene göre, bu deyim Amerika Birleşik Devletleri'ndeki yargıçların yün peruklar taktıkları dönemden geliyor. Kurnaz bir avukat tarafından kandırılan bir yargıcın "yününün" (yani peruğunun) aşağı çekilerek gözlerinin kapatıldığı, böylece davanın ayrıntılarını açık bir şekilde göremediği söylenir.

◀ Kolonilerdeki insanlar yünü Britanya'dan satın almamak için kendileri üretiyordu.

▲ Bu iğ makinesi 16 kişinin işini yapabilir.

Sanayi Çağı

Sanayi Devrimi (1750-1850) sırasında ortaya çıkan pek çok yeni icat yün **sanayisini** her yönüyle derinden etkiledi. Buhar ve elektrikle işleyen makineler elle çalıştırılan eski makinelerin yerini aldı. Bu yeni makineler daha yüksek kalitede yünü her zamankinden daha hızlı üretebiliyordu.

James Hargreaves 1764'te iğ makinesini (eğirme çıkrığı) icat etti. Bir fabrika işçisi bu çoklu **makaralı** çıkrığı kullanarak bir seferde tek bir makara yerine sekiz makara yün birden işleyebiliyordu. 1800'lerin başlarında, bazı kasabalarda ayaklanmalar çıktı. İşçiler bu yeni makinelerin yerlerini alarak onları işsiz bırakmasından korkuyordu ama artık bu işin geriye dönüşü yoktu. Yeni teknoloji fazlasıyla iyiydi.

James Hargreaves (1720-1778) ✓

James Hargreaves Lancashire'da doğdu. Okuma yazmayı hiç öğrenmedi; hayatı boyunca marangozluk ve dokumacılık yaptı. Öldüğü zaman, yaklaşık 20.000 iğ makinesi kullanımdaydı.

Modern Çağ

Son 100 yıl içinde, **üreticiler** yeni yün çeşitleri ve yeni işleme yöntemleriyle denemeler yaptı. Yün imalathaneleri ve fabrikalarında kullanılan teknolojilerde sürekli daha büyük çaplı iyileştirmeler yapıldı. Bugün, neredeyse tüm eğirme ve dokuma işleri bilgisayarlarca programlanan makineler tarafından yapılıyor. Bu makineler eskiden insanların günler, haftalar, hatta aylarca uğraşıp ürettikleri miktarda yünlü kumaş ve yün ipliği dakikalar içinde üretebiliyor. Buna rağmen, dünyanın dört bir yanında hâlâ geleneksel yöntemlerle kendileri ve aileleri için yün dokuyan insanlar da var.

▼ Fransa'da bir fabrikadaki bu modern makine iplik eğiriyor.

Yün Çeşitleri

▲ Yün sınıflandırıcılar, yünleri bölmelere ayırıyor.

Bugün bir koyun **kırkıldığında** yün sınıflandırıcı adı verilen bir işçi, **yapağıyı** inceleyerek yünün kalitesini belirler. Yünleri kalınlık, miktar, kalite ve dayanıklılığına göre sınıflara ayırır. Yün sınıflarından bazıları kaba (sert), dayanıklı, orta, ince, süper ince ve ultra incedir. En kaliteli yün, en ince, en pürüzsüz ve en yumuşak olandır.

Yün kumaşa dönüştürüldükten sonra şu iki kategoriden birine girer: **yünlüler (ştraygarn kumaşlar)** veya **taranmış yünlüler (kamgarn kumaşlar)**. Yünlüler kısa, daha kalın yün **liflerinden** yapılır. Bu kategorideki kumaşlar daha kabarık veya tüylü görünür ve ele kalın ve ağır gelirler. Yünlülerden ağır paltolar, ceketler ve kazakların yanı sıra battaniyeler ve halılar da yapılır.

Taranmış yünlüler ise daha uzun, daha ince yün liflerinden eğirilir. Kumaş daha pürüzsüz ve hafif bir his verir. Taranmış yünlülerden takım elbiseler, pantolonlar, etekler ve elbiseler yapılır. Taranmış **yün iplikten** çok güzel **işlemeler** yapılır. Aynı zamanda en pahalısı da odur!

Para Merinos'ta

Merinos en yumuşak, en ince yün çeşididir. İlk olarak İspanya'da yetiştirilen Merinos koyunlarından elde edilir. Çoğu koyunun fiyatı yaklaşık 600 TL'dir ancak 2008'de yünü özellikle ince olan bir Avustralya Merinos koyunu yaklaşık 42.000 TL'ye satılmıştır.

▼ İnce merinos yününün liflerinin uzunluğu yaklaşık olarak 4 ila 7,5 santimetredir.

Yünün İşlenmesi

▲ Yeni kırkılmış yünde kum, toprak, yağ ve kurumuş ter bulunur.

Doğrudan koyundan gelen yüne "ham" veya "yağlı" yün adı verilir. Koyunlar kırkılıp yün sınıflara ayrıldıktan sonra yünün yıkanması ve temizlenmesi gerekir.

Yün su, sabun ve çamaşır sodası (tuzdan yapılan bir temizlik maddesi) ile birkaç kere yıkanır. **Lanolin** adı verilen mumumsu bir madde **yapağıdan** temizlenerek kenara ayrılır. Daha sonra krem ve losyonlarda kullanılmak üzere kozmetik şirketlerine satılır.

Dev merdaneler fazla suyu yünden çıkarır. Bazen yünün daha yumuşak, daha pürüzsüz olması ve daha kolay işlenmesi için yüne bir tür yumuşatıcı olarak yağ eklenir. Daha sonra yün bir **hallaçlama** (tarama) makinesine konur. Bu makinenin tarak gibi işleyerek yün **liflerini** düzleyen ve onları birbirine dolayan bir dizi metal dişi vardır.

Taranmış yün oradan eğirme makinesine alınır. Yün lifleri birer birer eğirilerek birbirine sarılır. **Yün ipliği** meydana getirene kadar makine bu lifleri bir o yana bir bu yana eğirir. Yün ipliği bazen bobin adı da verilen makara veya silindirlere sarılır.

> **Yünün boyanması**
>
> Yüne renk veren boyalar işlemin neredeyse her aşamasında yani **hallaçlama**, eğirme, dokuma öncesi veya sonrasında yüne katılabilir: Üretilen yün ürününde boyamanın hangi aşamada yapılmasının en iyi sonucu vereceğine ise **üretici** karar verir.

▼ Bu dev hallaçlama makinesi yün liflerini tarayarak düzgünleştiriyor ve harmanlıyor.

İplikten kumaşa

Yün ipliğinden daha sonra kumaş üretilir. Bir makine uzun, ince liflerden eğirilmiş iplikleri dokuyarak **taranmış yünlü** kumaşa dönüştürür. Bir başka türde makine ise daha kısa, kalın liflerden eğirilmiş iplikleri **yünlü** kumaşlara dönüştürür.

Daha sonra kumaşlar dinkleme veya haddeden geçirme adı verilen bir işlemden geçirilir.

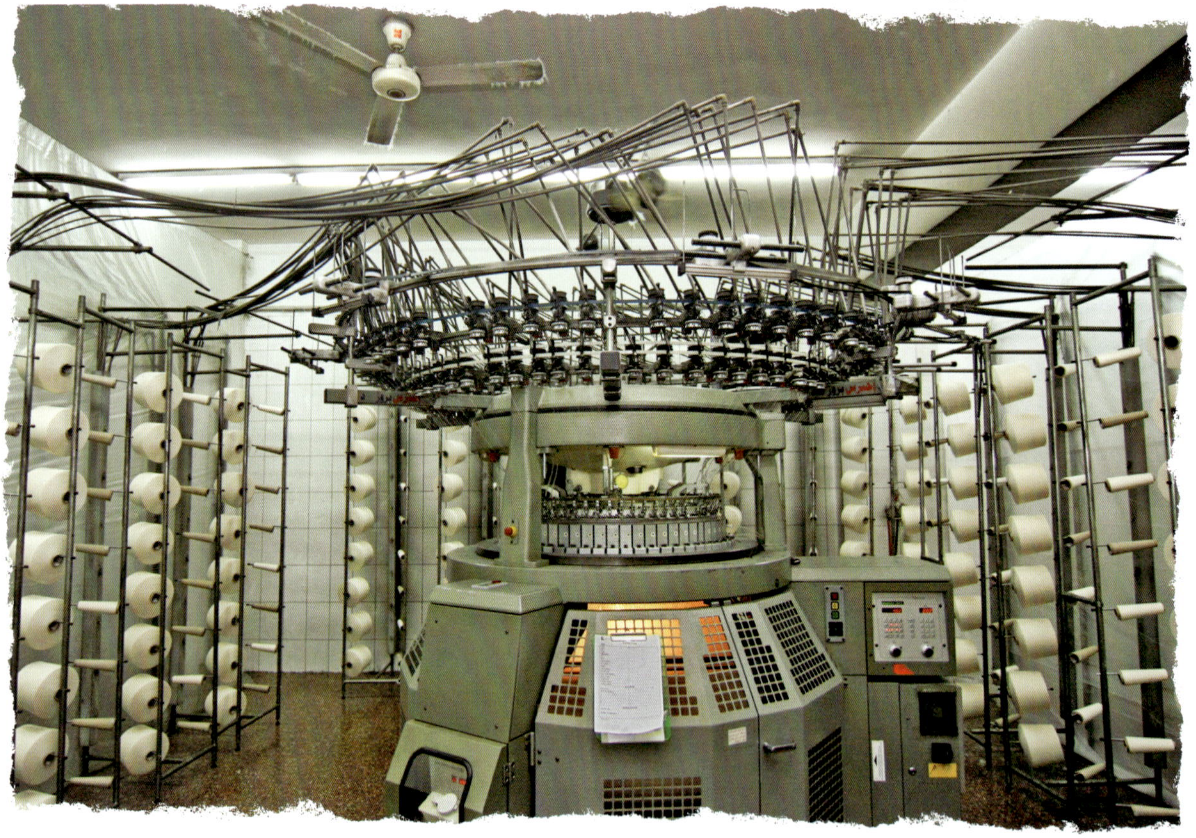

▲ Fotoğrafta Mısır, Kahire'deki bir konfeksiyon fabrikasında kullanılan yuvarlak örgü makinesi görülüyor.

Yün harmanları

Zaman zaman yün lifleri pamuk, ipek veya **rayon** gibi başka çeşit liflerle karıştırılarak kullanılır. Bu karışık kumaşlar, kullanılan liflerin her birinin en iyi niteliklerine sahip olur. Yasa gereği, giysi üreticileri bir giysinin "saf yün"den mi yoksa yünle karışık iplik kullanılarak mı yapıldığını gösteren etiketleri giysilere eklemek zorundadır. Bu etiketler ayrıca o kumaşa ilişkin yıkama ve bakım talimatlarını da içerir.

Bu işlem örgüyü sıkılaştırır ve kumaşın dokusunu iyileştirir. Ayrıca kumaşı önceden çektirir; bu sayede kumaşlar dikilerek giysi veya battaniye hâline geldikten sonra bir daha çekmez.

Kumaşı önceden çektirmenin bir başka yolu da kumaşı özel **kimyasallarla** işlemden geçirmektir. Ayrıca kimyasallardan yararlanılarak yün ateşe, suya ve lekelere karşı daha dayanıklı hâle getirilebilir. Artık kumaş son hâlini almıştır ve kullanıma hazırdır!

▼ Etiketler yünlü kumaşlar kullanılırken nelere dikkat edilmesi gerektiğini gösterir.

Yün Giymek

▲ Yün kazaklar, dışarıdayken sizi sıcak tutar. Yün kumaş "nefes alan" bir kumaştır, yani içinden hava geçebilir ve terli veya nemli hâle gelmez.

Yünlü giysiler genellikle diğer kumaşlardan yapılanlara göre daha pahalıdır ama yünlüler daha dayanıklıdır. Zaman içinde daha az yıpranmış görünürler. Elbette yünlü giysilerden en iyi şekilde faydalanmak için bakımını iyi yapmak da şarttır.

Yün diğer kumaşlar kadar ter, toz ve leke tutmaz. Her kullanımdan sonra yıkamak gerekmez. Yumuşak bir fırça veya ıslak bir bez ile bir miktar deterjan, izleri ve lekeleri yumuşatmaya ve çıkarmaya genelde yeterli olur.

Yünlü kıyafetler bir gardıroba asıldıklarında veya özenle katlanıp bir çekmeceye konulduklarında, kırışıklıklar genellikle kendi kendine geçer; ütülemeye gerek kalmaz! Kıyafetleri buharlı bir banyoya asmak da kırışıklıklardan hızlıca kurtulmanın başka bir yoludur.

Yünlü kıyafetlerin ciddi bir temizlik gerektirmeleri durumunda, çoğu **üretici** kuru temizlemeyi (su ve sabun yerine **kimyasalların** kullanılması) tavsiye eder. Yünlüleri çamaşır makinesinde yıkamak genellikle kumaşa hasar verir. **Lifler** tüylenir ve biçimini kaybeder. Çamaşır kurutma makinesinin sıcağında ise çekerler.

Yünlü kıyafetlerin bazıları elde yıkanıp daha sonra kuruması için düzgün bir şekilde serilebilir. Makinede yıkanabilsin ve kurutulabilsin diye kimyasallarla işlemden geçirilmiş yüne süper yıkanır yün adı verilir.

> **Dikkat!**
>
> Uzun süre giyilmeyecek yünlülerin temizlenerek güvelerin ulaşamayacağı, hava almayan yerlerde saklanması gerekir. Bu şekilde güveler yünlü giysilere ulaşamaz. Güveler yumurtalarını yüne bırakmayı sever. Yavrular yumurtadan çıkınca yün liflerini yer!

▼ Bu güve larvası çok ciddi hasara yol açabilir!

Yün İşi

Map showing wool-producing countries: Kuzey Amerika, Atlas Okyanusu, Birleşik Krallık, Avrupa, Rusya, Asya, Türkiye, İran, Çin, Hindistan, Sudan, Afrika, Hint Okyanusu, Avustralya, Yeni Zelanda, Büyük Okyanus, Güney Amerika, Arjantin.

- 🐑 En çok yün üreten 10 ülke
- ● İlk yün üretiminin yapıldığı bölgeler

▲ Dünyadaki tüm ülkelerin yıllık toplam yün üretimi 2.487.000 tondan fazladır. Bu yünün yüzde 60'ından fazlası giysiler için kullanılır.

Dünyanın her köşesinde, yün büyük bir sektördür. Bu **sanayide** yüz binlerce insan çalışır. En çok yünü Avustralya üretir; dünya piyasalarındaki yünün neredeyse dörtte biri bu ülke tarafından tedarik edilir. Avustralya'yı Çin ve Yeni Zelanda takip eder.

Çevre dostu

Koyunlar çevreye yararlıdır. Diğer hayvanların yemediği her türlü otu ve bitkiyi yerler. Koyunlar bir tarla veya ormandaki yeşillikleri yiyip temizlediklerinde, **böcek ilaçları** veya biçme aletleri kullanmaya gerek kalmaz. Koyunlar **bitki örtüsünü** kontrol altında tutar, bu sayede otlar diğer bitkileri ve ağaçları boğmaz veya bir yangın tehlikesi meydana getirmez.

Birleşik Krallık'taki koyunlar

Birleşik Krallık'ta, 75.000 koyun çiftliğinde toplam 40 milyon koyun yaşar. Bunların arasında 40'tan fazla türde koyun vardır. Ülkenin farklı bölgeleri farklı koyun türlerinin yaşamasına elverişlidir. Örneğin, bazı koyunlar soğuğa daha iyi dayanabildikleri için tepelik bölgeler onlar için daha elverişlidir.
Birleşik Krallık dünyanın altıncı büyük yün üreticisidir.

▼ Galler dağlarındaki yeşil **otlaklar** koyun yetiştirmek için oldukça elverişlidir.

Haydi, alışverişe gidelim!

Diğer ülkelerle karşılaştırıldığında Amerika Birleşik Devletleri çok az yün üretir. Ne var ki ABD Çin'den sonra en fazla yün tüketen ülkedir. Üçüncü sırada ise Japonya yer alır.

▲ Yeni Zelanda'da, yaklaşık 4 milyon insana karşılık 32 milyon koyun yaşar!

Her şey koyununa göre değişir

Bir koyun yılda 1 ila 14 kilogram **yapağı** üretebilir. Yünün miktarı koyunun cinsine bağlıdır. Bu miktar ayrıca koyunun yaşına, boyuna, ne kadar sağlıklı olduğuna ve tabii ki ne kadar sık **kırkıldığına** da bağlıdır.

Değerli bir kaynak

Koyunlar bize yünden fazlasını sağlar. Peynir, yoğurt ve dondurma yapımında kullanılan sütü üretirler. Yapağılardan elde edilen **lanolin** makyaj malzemesi yapımında kullanılır. Aynı zamanda koyunlar iyi bir et kaynağıdır. Koyun derisinden özel bir tür kâğıdın yanı sıra giysi ve mobilya da yapılabilir. Koyunun diğer kısımları ise tıbbi cihazların, müzik ve spor aletlerinin yapımında kullanılır.

200'den fazla koyun türü veya cinsi vardır. Çoğu koyun şu üç gruptan birine girer: uzun yünlü koyunlar, orta yünlü koyunlar ve ince yünlü koyunlar. Koyun çiftçileri üretmek ve satmak istedikleri türde yünü sağlayan koyun cinsini yetiştirmeyi tercih eder.

Yüzyıllar boyunca koyunların **otlaktan** otlağa gezdirilmesinde çoban köpeklerinden yararlanılmıştır. Çoban köpeği yarışmaları adı verilen festivallerde, bu çok iyi eğitimli hayvanlar özel becerilerini sergileme fırsatına kavuşur. Başka fuarlarda ve festivallerde ise koyun çiftçileri en değerli koyunlarını sergiler ve en kaliteli yünü üretene verilecek ödüller için yarışırlar. En kısa sürede en çok koyunu kimin kırkacağını görmek için koyun kırkma yarışmaları da düzenlenir.

▼ Bu adam ve köpeği Kuzeybatı İskoçya'da, Gairloch'daki çoban köpeği yarışmalarında yarışıyorlar.

Yünün Geleceği

▲ Binlerce yıl boyunca, yün dünyanın en önemli doğal kaynaklarından biri olmuştur.

Milyonlarca insan yün **sanayisinde** çalışarak geçiniyor, ailesine bakıyor. Ne var ki son elli yılda, yün yeni **sentetik** (insan yapımı) **lif** ve kumaşlarla rekabet etmek durumunda kaldı. Eskiden yünden yapılan giysiler, battaniyeler, halılar ve daha pek çok şey artık akrilik, asetat, naylon, spandeks, **rayon** ve polyesterden yapılıyor. Bütün bu sentetik ve yapay kumaşların hepsinin, üretilmesi de satın alınması da yünden daha ucuza geliyor.

Dünyadaki insanlara yün gibi doğal liflerin yararlarını hatırlatmak isteyen **Birleşmiş Milletler** 2009'u Uluslararası Doğal Lifler Yılı ilan etti. Diğer özelliklerinin yanı sıra, yün aynı zamanda çok da çevre dostu bir kumaştır. Çoğu sentetik kumaşın aksine, yün yenilenebilir, tekrar kullanılabilir ve **geri dönüştürülebilir.** Hatta yalıtım malzemesi olarak kullanılarak evlerin içinin sıcak kalmasını sağlayabilir.

Sentetik kumaşların aksine, yün tümüyle **doğada çözünür** bir maddedir. Bunun anlamı, ömrünün sonunda yünün çözündüğü ve doğal çevrenin bir parçası hâline geldiğidir. İnsanlar "doğa dostu" yaşam tarzını giderek daha fazla tercih ettikçe ve çevreye daha az zarar veren seçimler yaptıkça yün de tekrar popülerleşmeye başlıyor.

Örgü çılgınlığı

Son on yılda, pek çok insan örgü örmenin keyfini tekrar keşfetti. Örgü çok eğlenceli ve rahatlatıcı bir hobidir. Kendi çoraplarınızı, kazaklarınızı, berelerinizi veya atkılarınızı istediğiniz renkte ve desende örebilirsiniz. Ördüklerinizi arkadaşlarınıza ve ailenize hediye edebilirsiniz. Kimi insanlar evsizler için atkı ve bere veya muhtaç çocuklar için battaniye ve kazak örer.

◀ Yünle örgü örmek her yaştan insan için keyifli ve eğlenceli bir hobidir.

Zaman Tüneli

Tarihler çoğunlukla yaklaşık olarak verilmiştir.

MÖ 10.000
Orta Asyalı koyun çiftçileri koyun besliyor ve **yetiştiriyor**.

MS 500-1000
Dünyanın farklı ülkelerinde farklı türlerde çıkrıklar icat ediliyor.

MS 50
Dünyanın ilk yün fabrikası Winchester'da kuruluyor.

1200'ler
Britanya'daki yün **sanayisi** gelişip güçleniyor.

1776
Büyük Britanya'nın sömürgelerde yün ticaretini men eden yasanın da aralarında bulunduğu adil olmayan yasalar koymasına tepki olarak Amerikan Bağımsızlık Savaşı başlıyor.

1764
James Hargreaves iğ makinesini icat ediyor.

1811-1812
Luddistler olarak da bilinen Britanyalı fabrika işçileri yün imalathaneleri ve fabrikalarındaki teknoloji kullanımına karşı ayaklanıyor. Makineleşmenin, becerilerine artık ihtiyaç duyulmamasına yol açmasından korkuyorlar.

1970
Yün **üreticileri** "süper yıkanır" yün yapmanın yolunu buluyor. Bir **kimyasal** işlem sayesinde bazı yünlü kumaşların makinede yıkanıp kurutucuda kurutulması mümkün oluyor.

1966
Sentetik kumaşların icadı ile yünün fiyatında yüzde 40'lık bir düşüş oluyor.

2009
Birleşmiş Milletler "Uluslararası Doğal Lifler Yılı" ilan ediyor.

Bu sembol zaman tünelinde bir ölçek değişikliği olan veya önemli bir gelişme yaşanmadığı için uzun zaman aralıklarının atlandığı yerleri gösterir.

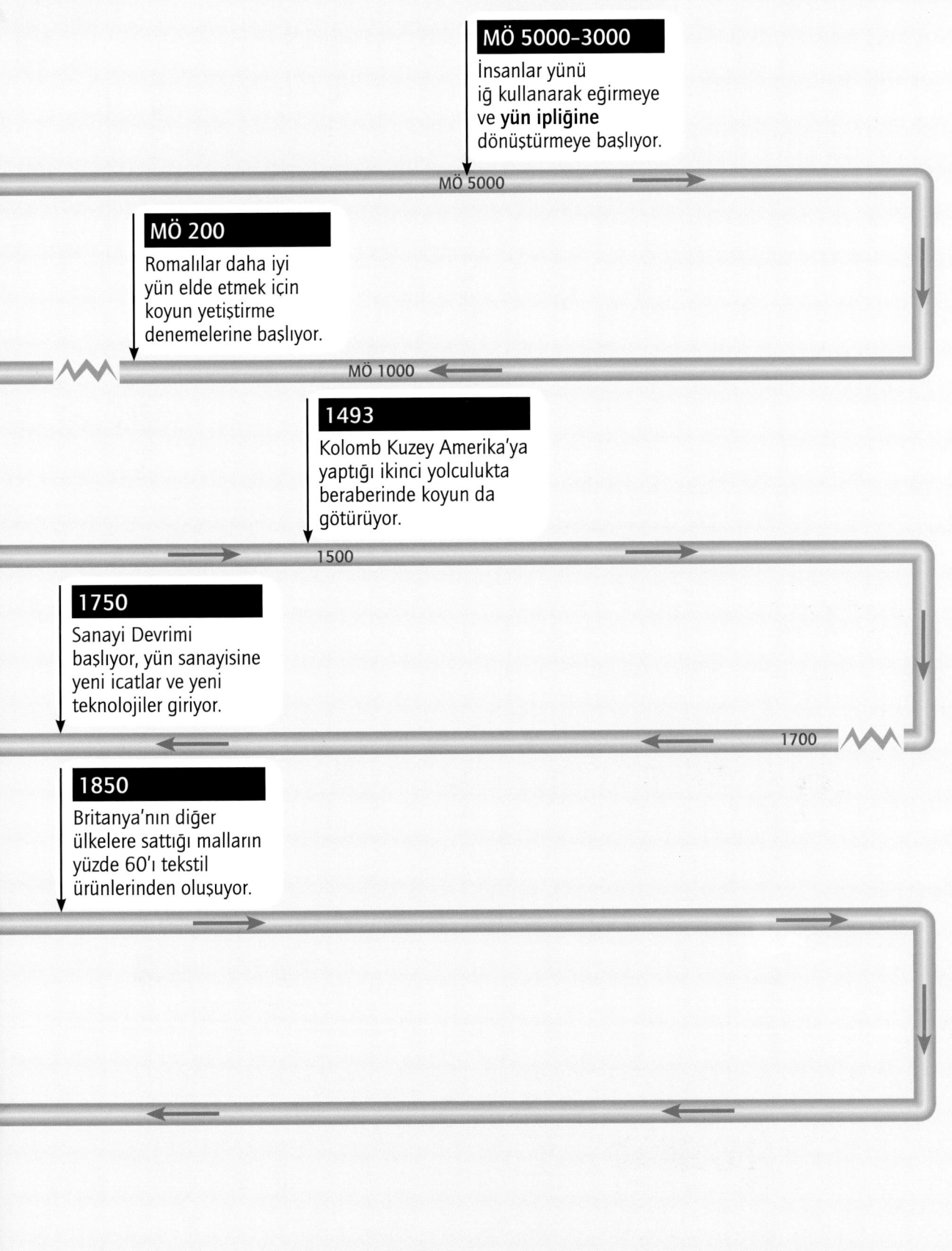

MÖ 5000–3000
İnsanlar yünü iğ kullanarak eğirmeye ve **yün ipliğine** dönüştürmeye başlıyor.

MÖ 200
Romalılar daha iyi yün elde etmek için koyun yetiştirme denemelerine başlıyor.

1493
Kolomb Kuzey Amerika'ya yaptığı ikinci yolculukta beraberinde koyun da götürüyor.

1750
Sanayi Devrimi başlıyor, yün sanayisine yeni icatlar ve yeni teknolojiler giriyor.

1850
Britanya'nın diğer ülkelere sattığı malların yüzde 60'ı tekstil ürünlerinden oluşuyor.

Sözlük

Birleşmiş Milletler Dünyada barışı güçlendirmek ve insanların refahını yükseltmek amacıyla ülkeler arasında iş birliğini artırmak için çalışan uluslararası örgüt.

bitki örtüsü Otlar ve bitkiler.

böcek ilacı Zararlı böcekleri ve diğer haşereleri öldürmek için kullanılan kimyasal.

doğada çözünür Doğal şekilde çürüyebilen.

dokuma tezgâhı İplikten kumaş dokumakta kullanılan makine.

eğirmek Yünü bükerek uzun iplikler hâline getirmek.

geri dönüşüm Bir şeyi tekrar, bazen de yeni bir şekilde kullanmak.

hallaçlama Yünü eğirilmeye hazır hâle getirmek için tarayarak açmak.

işlemek Bir kumaşa süs olarak bir desen dikmek.

kimyasal Atomları veya molekülleri değiştirildiğinde diğer maddelere dönüştürülebilecek madde.

kırkmak Makasla kesmek veya budamak; koyundan yapağı elde etmek için tüylerini kesmek.

lanolin Koyunların yününde bulunan mumumsu sarı bir madde.

lif Bir maddenin uzun, ince ipimsi hâli.

makara Çevresine iplik sarılan silindir.

otlak Hayvanların otla beslendikleri tarla veya arazi.

özellik Bir maddeyi özel veya diğerlerinden farklı kılan tarafı.

rayon Ağaçlardan elde edilen yapay bir lif.

sanayi Bir iş veya sektör.

sentetik İnsan yapımı (kimyasallardan) olan ve doğada bulunmayan madde.

taranmış yünlü Uzun, ince yün liflerinden eğirilen iplikten dokunan kumaş.

uygarlık Bir grup insanın yaşam tarzı.

üretici Satmak amacıyla ürünler üreten kişi veya şirket.

yapağı Koyunun kılları veya postu; yün de denir.

yetiştirmek Belli bir tür hayvanı besleyip büyütmek.

yün ipliği Örgü veya dokumada kullanılmak üzere bükülerek veya eğirilerek uzun iplikler hâline getirilmiş lifler.

yünlü Kısa, kalın yün liflerinden eğirilmiş iplikle örülen kumaş.

Dizin

angora 5
ateşe dayanıklılık 6, 7, 19

bakım etiketleri 18, 19
bobinler 17
boyalar 7, 17

çoban köpekleri 25
çözgü ve atkı 9

dinkleme 18
doğada çözünür ürünler 27
doğal lifler 6, 27
dokuma 9, 13, 18
dokuma tezgâhları 9, 10

eğirmek 13, 17
elle örgü 27

geri dönüşüm ve tekrar kullanım 27
giysiler 7, 14, 15, 20-21, 22
güveler 21

hallaçlama 17
ham yün 4, 16-17
ham yünün yıkanması ve taranması 16-17

iğler 8, 17
iğ makineleri 12
işleme 15

kaşmir 5
kırkma 5, 16, 25
koyun cinsleri 5, 23, 25
koyun derisi 24
koyun ürünleri 8, 24
koyunlar 4-5, 6, 8, 9, 11, 15, 22, 23, 24-25

lanolin 16, 24

merinos yünü 15

nefes alan giysiler 20

önceden çektirme 19
örgü makineleri 18

renk 6, 7, 17

Sanayi Devrimi 12
sentetik lifler 26
süper yıkanır yün 21
taranmış yünlüler 14, 15, 18
tiftik 5

yalıtım 27
yapağı 5, 24
Yün Balyası 10
yün eğirmek 8-9
yün ipliği 8, 15, 17, 18
yün karışımları 18
yün lifleri 5, 9, 14, 15, 17, 18
yün sanayisi 9-13, 22-23, 26-27
yünlüler 14, 18
yünlü giysileri saklamak 21
yünlü giysilerin temizlenmesi ve yıkanması 20, 21
yünün çevreye yararları 22, 27
yünün kullanım alanları 7
yünün özellikleri 6-7
yünün sınıfları 14
yünün tarihi 8-13

Görseller

Yayıncı kuruluş, telif hakkına konu malzemenin çoğaltılmasına izin veren ve aşağıda anılan kişi ve kuruluşlara teşekkürlerini sunar:

Alamy s. 7 (© Ted Foxx), 10 (© Bildarchiv Monheim GmbH),
11 (© North Wind Picture Archives), 12 (© Mary Evans Picture Library),
14 (© Wildlight Photo Agency), 17 (© Guy Croft Industrial),
25 (© Travel Scotland - Paul White); Corbis s. 18 (Reuters/Tara Todras-Whitehill),
21 (Nigel Cattlin/Visuals Unlimited); iStockphoto s. 20 (© John Krajewski),
27 (© omgimages); Photolibrary s. 6 (Imagesource), 8 (Vivienne Sharp),
13 (Photononstop/ Herve Gyssels); Shutterstock s. iii (© Luis Francisco Cordero),
4 (© Richard Peterson), 5 (© BasPhoto), 15 (© Clearviewstock), 16 (© Chris Turner),
19 (© Olga A), 23 (© 1000 Words), 24 (© THP | Tim Hester Photography),
26 (© Moreno Soppelsa).

Kapaktaki sarı örgü bere fotoğrafı Corbis'in (ZenShui/© Michele Constantini) izniyle kullanılmıştır.

Bu kitabın hazırlanmasında çok değerli katkılarını bizden esirgemeyen Ann Fullick'e teşekkürü borç biliriz.

Bu kitapta kullanılan materyallerin hak sahiplerine ulaşmak için her türlü çaba gösterilmiştir. Yayıncıya bildirilmesi durumunda her türlü eksiklik sonraki basımlarda giderilecektir.